b56
1264
A

L'EXPÉDITION DU MEXIQUE.

PAR

EDGAR QUINET.

LONDRES

W. JEFFS, 15, BURLINGTON ARCADE.

Genève : chez Ghisletti, Libraire-Éditeur, Grand Quai des Bergues.

Bruxelles : chez les Principaux Libraires.

1862.

L'EXPÉDITION DU MEXIQUE.

I

LES PRÉTEXTES.

Qu'est-ce que cette expédition ? Que veut-elle ? Que cache-t-elle ? Est-elle dans l'intérêt public, ou dans l'intérêt d'un seul ? Où peut-elle aboutir ? Le pays qui est lancé dans cette entreprise est celui qui serait le plus embarrassé de répondre à ces questions. Il ne sait pourquoi il fait cette guerre, ni comment il y a été engagé. Il verse son sang et celui d'autrui, et ne peut dire pour quelle cause.

J'essaierai de répondre à sa place.

Il fallait, disait-on d'abord, envahir le Mexique parce qu'il nous appelait ; maintenant, il faut l'envahir pour le châtier de ne nous avoir pas appelés. C'est la première raison.

La seconde se tire de la situation politique de cette société. Elle s'agite et préfère l'agitation à la servitude. Cela nous inquiète ! C'est là un état de choses que nous ne devons pas souffrir. Nous ne pouvons endurer la liberté même à travers l'Océan. Nous

nous faisons un devoir d'imposer à ce petit peuple le silence que nous avons accepté chez nous. Il parle trop haut, il nous déplaît qu'il se croie libre. Nous ferons volontiers deux mille lieues et dépenserons, s'il le faut, nos meilleures troupes pour lui apprendre le contraire.

On parle aussi d'une créance de trois millions, transformée frauduleusement en une créance de soixante-quinze millions ; et c'est pour prélever ce bénéfice honnête que nous envoyons une armée intrépide sommer le peuple mexicain d'avoir à vider sur l'heure ses villes, ses villages, sa capitale, livrer son indépendance, ses institutions, sa liberté, sa tradition, choses suspectes qu'il tient de son histoire ; le tout devant être remplacé par une monarchie autrichienne ; faute de quoi, la dite nation sera appréhendée au corps et incarcérée de père en fils, dans telle geôle ou tel Spielberg transatlantique qu'il nous plaira lui choisir.

Voilà les premières raisons qu'on allègue pour chercher si loin une occasion d'opprimer.

Ces raisons je ne les discute pas. Je dis seulement qu'elles en cachent d'autres, dont personne ne parle. Ce sont ces motifs cachés qui sont les vrais. Je vais chercher à les montrer.

En 1781, la France a mis le pied en Amérique ; ce fut pour l'aider à s'affranchir ;—expédition qui ouvrit l'époque nouvelle et rapporta la liberté dans le vieux monde.

En 1862, la France débarque de nouveau, mais cette fois il ne s'agit plus d'affranchir ; il s'agit de faire violence. Dans les deux cas, la question renferme les intérêts de tout un monde. Le Mexique n'est qu'un point, d'où l'on espère rayonner sur un hémisphère. En 1781, la petite expédition de Lafayette et de Rochambeau devait laisser après elle tout un continent libre. En 1862, l'expédition du Mexique, si elle se développait, telle qu'elle a été conçue, aurait pour résultat tout un continent esclave, ou du moins asservi.

Entrez dans l'esprit bonapartiste, et ce que vous appelez "*ses mystères politiques*" se dissipera à vos yeux. C'est parce que vous ne pénétrez jamais dans cet esprit, que tout vous reste obscur dans ses projets et dans ses actes. Vous vous résignez à ne rien comprendre de ce qu'il veut, de ce qu'il fait, et vous vous remettez à l'avenir inconnu d'expliquer ce que vous désespérez de concevoir de votre vivant. Vous voyez le maître agir et vous ne vous demandez plus même pourquoi il agit dans ce sens, plutôt que dans tel autre.

Pourtant il n'exige pas de vous une si complète démission de vous-même ! Il ne s'oppose pas à ce que vous le compreniez. Osez donc pénétrer un moment dans son système d'idées. Faites-vous pour quelques instants semblable à lui ; cette énigme du Mexique se dénouera d'elle-même.

II

LE DEUX-DÉCEMBRE EN AMÉRIQUE.—PLAN DE L'ENTREPRISE.

On vient de vous le répéter ces jours-ci. Le Bonapartisme n'est pas simplement une opinion politique ;

c'est un *"culte,"* une *"adoration,"* une *"superstition."* Le principal de ces dogmes superstitieux, c'est qu'il doit réaliser la chimère du grand Empire napoléonien. Et puisque l'Europe est assez mal avisée pour ne pas se prêter à cette félicité, il est naturel, il est inévitable, que l'on se retourne vers l'Amérique. Là doivent se trouver ces vastes espaces et les peuples soumis qu'on désespère de s'annexer en Europe. On ne parle plus de la frontière du Rhin, il faut aller chercher un Rhin dans le nouveau monde.

Vous ne saurez jamais avec quelle rapidité s'éveillent les ambitions démesurées de pouvoir, les visions de domination dans un esprit rempli de ce que l'on a appelé *les Idées Napoléoniennes.*

L'occasion du projet d'invasion du Mexique a été la guerre des États-Unis. Aux premières nouvelles d'un échec des États du Nord, le Gouvernement des Tuileries se persuada que c'était fait de la grande République américaine. Du moins, il crut qu'elle était trop occupée pour mettre obstacle à une entreprise bonapartiste. Il ne s'agissait que de choisir l'endroit où l'on porterait le grand coup à l'indépendance du nouveau monde. Le Mexique parut l'endroit propice; il se remettait à peine, sous un gouvernement régulier et libéral, de ses longues guerres civiles. Avant de laisser ses plaies se cicatriser, on viendrait le frapper inopinément; et même il n'y aurait pas besoin d'une longue guerre! Car on ferait à Vera-Cruz ce que l'on a fait à Civita-Vecchia ! L'exemple de l'expédition romaine profiterait ainsi à l'expédition du Mexique. On recommencerait en 1862 l'œuvre et les stratagèmes de 1849. On se présenterait en alliés. Le drapeau tricolore, n'était-ce pas la liberté, l'indépendance !

Que l'on permette seulement à des amis d'envahir *de leurs idées généreuses* le territoire, de prendre les principales villes, de contenir les autres, de disperser ou de mitrailler les patriotes ! Le glaive bonapartiste, peut-il jamais faire mal ? On attendra pour parler en maître que la nation entière soit désarmée et prisonnière et sa capitale occupée. Peut-on pousser plus loin la bienveillance ?

La facilité d'illusion est si grande dans l'auteur de cette entreprise, qu'il est allé jusqu'à penser que le nom seul de Bonaparte courberait les hommes jusqu'à terre. A peine aurait-on besoin de paraître ! Et l'on verrait au Mexique les anciens adorateurs du *soleil*, se prosterner devant *le soleil couchant* de la fortune napoléonienne.

III

SUITE.—NOUVEAUX PRINCIPES DE '89.

Nous ne sommes encore qu'au début. Continuons. Il est bien entendu que la nation envahie sera trop heureuse de l'être. Elle nous portera de Vera-Cruz à Mexico, sur les mains, en répétant le cri du cirque : " Ceux qui vont mourir vous saluent !" Le *Vomito-Negro* se fera courtisan.

De là, nul soin, nulle prévoyance.

Les soldats de la France seront envoyés, non pour

combattre, mais pour recueillir des couronnes de fleurs, d'aloès et de bananiers. D'ailleurs, nous nous associons à tout ce qu'il y a de réactions monacales et de parjures. Nous ramassons tout ce que nous pouvons rencontrer d'éléments rétrogrades, oppressifs, obscurantins, jésuitiques dans les deux mondes. Nous ramenons la vieille Autriche dans le berceau des Aztèques. Le jésuite Miranda nous précède ; Almonte nous suit ; il nous aide des haines qui s'attachent à son nom. Il menace, pour nous, d'exil, de proscription, tout patriote qui défendra sa patrie. Il jouera pour nous le rôle que Talleyrand et Fouché ont joué en 1814 et 1815, dans l'invasion de la France par les Russes, les Autrichiens, les Anglais. Après avoir déclamé pendant un demi-siècle contre ce que nous appelions la grande trahison de 1814, nous nous en faisons les plagiaires. Le Bonapartisme montre par là que lui aussi a eu sa comédie, non de dix-huit ans, mais d'un demi-siècle. Tout est bien quand il s'agit de sa cause : violation d'un peuple étranger, destruction d'une démocratie, despotisme imposé, reniement de tout ce que nous avons juré, oppression d'un continent, c'est là ce que nous appelons maintenant nos *nouveaux principes de* '89. Sous cet étendard il n'est pas besoin de soldats ! Nous n'en enverrons que quelques milliers.

Nous voilà à Mexico, de gré, ou de force, qu'importe ? Une nation libre est effacée de la terre. C'est déjà un point satisfaisant ; mais ce n'est là encore qu'un commencement. Ce peuple s'appartenait à lui-même. Il avait acheté cette liberté orageuse au prix de torrents de sang. Il s'agit de tout lui reprendre en un jour, de telle sorte qu'il paraisse lui-même complice de son reniement et de son abdication. Pour cela, rien de plus simple ; nous appliquons à cette difficulté un autre de nos nouveaux principes de 1789, à savoir qu'un peuple n'est vraiment libre que s'il est asservi à l'étranger. Son suffrage n'est volontaire et sincère que s'il vote sous les baïonnettes ennemies, teintes du sang des défenseurs de la patrie! Nous tiendrons l'urne de Mexico, et les Mexicains auront toute liberté, une fois qu'ils seront conquis ; moyennant pourtant qu'ils feront sortir de cette urne esclave une monarchie despotique à notre usage. Appelons-la d'abord autrichienne, pour intéresser à ce grand coup toute la vieille Europe. Autrichienne, ou non, il est convenu que cette monarchie sera avant tout bonapartiste. C'est là un rideau que nous tendons, pour amuser nos alliés ; mais le rideau tiré, il restera purement et simplement au pied des Andes *un deux-décembre gigantesque* qui menacera et convoitera tout un continent.

Napoléon en 1812 a manqué sa carrière ; il n'a pu asservir le vieux monde. Il s'agit de réparer sa fortune en asservissant le Nouveau.

IV

LES RÉPUBLIQUES ESPAGNOLES.—UNE MONARCHIE AUSTRO-BONAPARTISTE.

Et comme la France s'est trouvée trop petite pour de

pareilles imaginations, vous sentez bien que si l'on va au Mexique, ce n'est pas pour se renfermer dans cette bicoque. Nous ne nous réduisons pas à de si mesquines proportions. Ce n'est pas en vain que Fourier et les autres visionnaires nous ont enseigné que Mexico est la capitale naturelle du monde. Fourier voulait y placer le *Maynat* du genre humain. Pourquoi ne serions-nous pas ce *Magnat* nous-même, sauf à avoir, s'il le faut, un Vice-Magnat dans les circonstances imprévues ?

Billevesées! dira-t-on. J'en rirais moi aussi, si ce n'était pour de telles billevesées que l'on fait couler le sang des hommes.

D'ailleurs un ancien Saint-Simonien, aujourd'hui conseiller d'état, nous fait déjà remarquer presque officiellement que Mexico touche par Acapulco au Japon et à la Chine. Quoi de plus facile que de mettre cette moitié de la sphère dans le creux de la main ? Tendre une seule chaîne autour du globe, de Paris à Mexico, de Mexico au Japon, n'est-ce pas là aussi une *idée napoléonienne ?*

Cette conception peut être le chef-d'œuvre du gouvernement du Deux-Décembre. Le seul inconvénient que j'y découvre, c'est qu'il faudrait y engloutir la nation française.

Une fois établis sur le plateau du Mexique, nous avons à nos pieds, non les royaumes, mais les républiques de tout un monde. La tentation est trop grande pour que nous n'allions pas les détruire. Celles du Midi doivent tomber les premières. Déjà nous allons rompre avec la République de Venezuela.

C'est un ancien projet de la Restauration, dans ses plus mauvais jours, que d'asservir les Démocraties des Amériques espagnoles. Ce devait être là le complément de notre expédition contre-révolutionnaire de 1823 en Espagne, qui a tant contribué à brouiller à jamais la France et Louis XVIII. Ce projet nous le reprenons pour notre compte. Seulement à la place des monarchies bourboniennes, ce sont des monarchies bonapartistes qu'il s'agit d'imposer à ces états turbulents dont le bruit nous empêche de dormir. De Mexico nous rayonnerons sur Buenos-Ayres, le Chili, le Pérou, l'Équateur, Venezuela, Montevideo. Qu'opposera le spectre de Bolivar au nom de Bonaparte ? Ce nom seul fera tomber les villes. Quand des royautés napoléoniennes se seront substituées à ces Républiques méridionales, la terre fera silence; il sera beau alors de planter l'étendard du *Deux-Décembre* sur les Cordillères. Il aura fait son tour du monde.

Du Pérou à l'Uruguay, les Républiques du Sud iront rejoindre la République de 1848. Un souffle napoléonien les dispersera, les effacera du globe; cette suppression de la vie politique, sur la moitié d'un continent, s'appellera le grand acte de 1862. Voilà ce que pressentent les populations de l'Amérique du Sud. Voilà pourquoi notre expédition du Mexique les a réveillées en sursaut. L'instinct américain les a averties que le Mexique ne peut être occupé par une monarchie bonapartiste, sans que tous les points du continent méridional ne soient menacés. Elles voient l'araignée dans son gîte; naturellement elles s'opposent à ce que le filet n'aille les envelopper. Déjà l'on parle de congrès de toutes les Amériques espagnoles pour aviser à une résistance commune contre l'étranger.

Ainsi le danger, réel ou imaginaire, mais immédiat, fera ce que n'avait pu faire la prévoyance éloignée des patriotes. Notre inique agression unit ceux que sépare l'immensité des distances. Buenos-Ayres s'entend avec le Chili, l'Atlantique avec le Pacifique. Nous avons donné à ces vastes continents l'occasion de craindre, de se défier, de haïr et d'armer en commun.

V

LA RACE LATINE.

Comment en serait-il autrement, quand amplifiant toujours ses projets, les enflant à plaisir, cherchant une prétendue force, qui n'est que faiblesse dans ses exagérations, l'esprit bonapartiste rattache à cette question du Mexique la question de toute une race, la race latine ! Quoi ! vous le déclarez vous-même, ou vous le faites déclarer par vos écrivains ! Dans cette créance-Jecker, il s'agit de faire entrer une partie de la race humaine ? C'est à titre de *Latins* que vous allez couvrir de votre invasion le peuple mexicain ! et tout ce qui est *latin* dans le monde doit s'attendre à une violation semblable de votre part ? Mais sur ce pied-là qui se croira en sûreté ? Qui peut jurer qu'il n'a pas une goutte de sang latin dans ses veines, si cela suffit pour qu'il soit passé au fil de l'épée? C'est donc comme membre de la famille que vous venez occuper le foyer, en chasser les habitants et leur imposer la loi, ou l'absence de loi, qui vous plaira le mieux ! Mais cette parenté, jusqu'où voulez-vous la pousser ? Quoi ! tout peuple qui a de près ou de loin des mots osques, ou sabins, ou latins mêlés à sa langue, vous appartient comme à son chef ! Il doit tomber sous vos coups et *" recevoir en martyr votre mitraille"!*

Vous vous en déclarez le maître ! Vous changerez à votre gré son gouvernement, sa volonté ! Vous vous direz les aînés de cette famille, et à titre de majorat vous réduirez les cadets à la portion servile.

Ordinairement les parents montrent leur affection en aidant de leurs conseils et de leur bourse les plus pauvres de la famille. Mais s'il s'agit de leur ôter leur patrie, d'occuper leurs champs, d'y être les suzerains à leur place, de les rançonner, de les patronner à coups de fusil, qui ne tremblerait d'avoir un parent de ce genre ?

A cette heure, toute l'Amérique du Sud, bien avertie par les théoriciens de ce *nouveau droit divin*, sait qu'il s'agit d'elle-même dans l'invasion d'un seul point du territoire. Ce droit de parenté l'épouvante ! elle le maudit ! Et comme nous menaçons à la fois toutes les républiques espagnoles, il est naturel, immanquable que nous les ayons toutes contre nous.

VI

AMÉRIQUE DU NORD.—LA MONARCHIE BONAPARTISTE ET LES ÉTATS-UNIS.

Voilà ce qui regarde le Sud. C'est à titre d'ami que l'esprit bonapartiste se propose de l'écraser. Mais pour peser sur le Nord, ne pouvant invoquer ce même droit, nous invoquerons le droit contraire. C'est parce que les États-Unis ne sont pas de notre famille et de notre race, que nous ferons tout pour les abaisser ou les ruiner.

Ainsi, asservir les premiers, parce qu'ils sont nos parents et les seconds parce qu'ils ne le sont pas, c'est là le premier point de départ, dans la conception de l'entreprise mexicaine.

Ce devait être un grand coup de hache au cœur des deux Amériques. Il était fait pour les partager. Après quoi s'élèverait d'elle-même sur les ruines de ces démocraties une monarchie d'abord déguisée, bientôt monstrueuse, qui eût remplacé l'ancienne domination de la maison d'Espagne et eût fait rentrer un monde dans le silence.

Je comprends que lorsque les peuples à genoux rivalisent avec les rois de flatteries et de bassesses, lorsqu'on ne peut plus rien voir qu'à travers une vapeur d'encens, de pareilles visées traversent l'intelligence et qu'il est difficile d'y résister. Quel homme a pu, ayant tous les hommes sous ses pieds, se défendre de conceptions de ce genre, dont on ne sent le vide et la misère qu'après avoir touché l'abîme ? Tous les pouvoirs absolus ont engendré des plans d'asservissement universel. Et celui-ci n'est pas plus mal combiné que tant d'autres, auxquels la fortune a souri un moment avant de les rejeter avec mépris. Sans doute il est toujours dangereux de diriger les affaires humaines et principalement la guerre comme une aventure. Mais cela ne laisse pas de plaire à un grand nombre d'hommes. Et ici le plan n'a été déconcerté dès l'origine que parce que l'on comptait sur une chose qui ne s'est pas réalisée ; la destruction et l'écroulement immédiats des États-Unis ; faux calcul que l'on aurait dû éviter, mais sur lequel on s'est abusé, tant était grande l'impatience de voir tomber cette puissante démocratie des États-Unis qui est encore l'espérance de tous les amis de la liberté dans les deux mondes.

VII

VRAIES CAUSES DE L'ENTREPRISE.—QUE LA FAUSSE DÉMOCRATIE NE PEUT SOUFFRIR LA DÉMOCRATIE VRAIE.

Ici nous touchons aux vraies bases de l'entreprise. Il vaut la peine de s'y arrêter. S'emparer du Mexique, y retremper le Césarisme, l'imposer aux républiques espagnoles, c'est la partie ambitieuse de l'entreprise.

Abaisser, ou extirper la Démocratie des États-Unis, c'en est la partie sérieuse, ou plutôt l'âme et la nécessité.

Car pour que *les Idées Napoléoniennes*[1] se réalisent,

[1] M. Jeffs a publié à Londres une édition des *Idées Napoléoniennes* contenant les passages supprimés dans la nouvelle édition de Paris.

il est absolument indispensable que cette vaste République disparaisse de la terre, ou qu'elle soit réduite à une faiblesse équivalente à la ruine complète ! Tant qu'elle existe, tant qu'elle rayonne, elle attire les yeux, elle entretient l'espoir de tout ce qui n'a pas renoncé à vivre libre ! Elle raffermit les courages ! Elle montre que des hommes peuvent s'appartenir et former une société régulière, sans porter aucun joug. Elle est comme le manifeste permanent de la justice. Tant que son drapeau est debout, il n'est pas permis, il est honteux, il est sacrilége de désespérer du bon droit. Elle est tout le contraire du *césarisme*. Elle en est la réfutation, la contradiction vivante et absolue, la condamnation.

C'est donc bien là, à ne pas s'y tromper, la tête du genre humain qu'il faut trancher d'un seul coup.

Il est une autre nécessité d'extirper les États-Unis. Cette société forme une démocratie veritable. Qu'on la blâme, ou qu'on la loue, on ne peut lui contester ce point d'être une démocratie. Et par là, elle accuse, elle démasque, elle montre à nu nos simulacres byzantins. La vraie et libre démocratie empêche que l'on ne prenne au sérieux la fausse qui met sa gloire dans sa servilité.

La réalité sur de si grandes proportions, ne permet pas qu'on soit dupe du masque. On compare malgré soi l'une et l'autre, et l'espèce humaine, en dépit de tout, fait la différence.

Pour que le mensonge soit établi, il faut que la vérité disparaisse. Pour que le mensonge d'une démocratie esclave puisse s'enraciner en Europe, il est nécessaire que la démocratie vraie soit anéantie en Amérique. Autrement que servirait d'avoir étouffé la vie publique dans le vieux monde, si on la laissait subsister dans le nouveau?

Byzance et Washington! Deux mondes opposés, incompatibles; deux époques qui s'excluent! La terre ne peut les contenir ensemble.

Le Deux-Décembre, ne doit-il être qu'un succès toujours éphémère et toujours contesté? Toutes ses maximes vont se briser contre les principes de la grande confédération américaine. Nul repos, nulle sécurité pour le césarisme, tant qu'elle lui donne chaque jour un démenti superbe de l'autre côté de l'Océan. Qu'elle laisse donc la place au grand empire muet, ébauché en 1811! Qu'elle disparaisse! et avec elle périsse aussi le fantôme incommode de Washington. Il est un danger pour *l'ordre!* Il est un scandale et une menace pour l'édifice bonapartiste. Ce fantôme est provoquant. A ceux qui sont asservis, il rappelle qu'ils ne l'ont pas toujours été. Il rouvre l'avenir quand on croyait l'avoir fermé. Périsse le souvenir! Périsse l'avenir avec le monde de Franklin, de Jefferson! Le grand rêve de l'asservissement universel sera alors consommé.

Ainsi l'expédition du Mexique devait être, dans la conception de son auteur, une mine chargée sous les pieds des États-Unis.

Il devait suffire d'y mettre le feu pour ébranler par la base l'œuvre de Washington. On lui supposait des pieds d'argile. Sans doute elle s'écroulerait au premier choc. Du Mexique il serait aisé de tendre la main au Texas et aux États esclavagistes. Déjà on parlait à tout propos de les reconnaître ; on encourageait par mille moyens leur rébellion. C'était aussi un de *nos nouveaux principes de* '89 : aider à l'esclavage, l'appuyer de nos vœux, de nos paroles, de nos encouragements, de nos armes contre les États qui voulaient le restreindre ou l'abolir. Nous avons commencé par le rétablir dans nos colonies sous le nom " d'immigration." Dans cette guerre, entre l'esclavage et l'émancipation, le choix ne pouvait être douteux un moment pour l'esprit bonapartiste. Voilà pourquoi les échecs du parti de l'esclavage ont été toujours dissimulés, diminués à plaisir, et ceux du parti de l'émancipation grossis et amplifiés sans mesure. Toute défaite du droit est un triomphe.

Au moindre mouvement des armées des États libres, on les déclarait perdus. Avec quelle joie avait été accueillie la nouvelle de la défaite de Bull-Run ! Et celle de MacClellan, on la fête aujourd'hui. C'est qu'on avait besoin de la ruine des États-Unis, pour donner une raison d'être à l'expédition du Mexique. On l'avait embarquée sur la foi de cette destruction prochaine. On espérait y assister en arrivant.

Ou l'expédition n'a aucun sens, ou l'auteur, tirant profit de la guerre intestine de l'Amérique du Nord, a cru trouver les États esclavagistes en pleine victoire, dès le printemps.

Selon lui, l'alliance avec des États à esclaves devait se faire naturellement et promptement d'elle-même. Pour garantir leur monstrueux principe, sans doute, il leur faudrait un protecteur, ou plutôt un maître.

Une fois séparés de la société de Washington, il leur deviendrait impossible de rester en République. La démocratie périrait chez eux ; la forme de gouvernement serait changée. A l'esclavage civil, ils ajouteraient l'esclavage politique. A mesure qu'augmenterait la difficulté de soutenir contre la civilisation et l'humanité cette gageure de l'esclavage à outrance, les États sécessionnistes invoqueraient une main de fer. Le Deux-Décembre porté à Mexico sur le trône de Montézuma serait volontiers cette main. Dans tous ces incidents, la grande Autocratie à deux faces, autrichienne et bonapartiste, aurait plus d'une chance de rayonner de Mexico, jusque sur les bords du Mississippi.

C'est là ce qu'a vu le Président des États-Unis, Lincoln, lorsqu'il a proposé d'unir leur cause à celle du gouvernement mexicain, par un prêt de cinquante-cinq millions de francs, à Juarez. Les États-Unis se sont sentis d'avance atteints dans notre expédition masquée. Ils ont deviné ce qu'elle cache si peu. Le même intérêt qui a excité contre elle les Amériques espagnoles ne pouvait manquer d'éclater dans les Amériques anglo-saxonnes. Avant même que le plan eût été achevé, l'auteur avait réuni contre son entreprise, c'est dire contre nous, le Sud et le Nord de tout un monde ! Telle est la conception qui jette une partie de notre armée au-delà de l'Atlantique dans une situation intolérable, sur des rivages pestilentiels ; conception, où l'on retrouve toutes les embûches que le pouvoir absolu se tend à lui-même, plans gonflés et vides, copie d'un passé servile. Illusions, fumées perpétuelles, que doivent payer de leurs vies des milliers d'hommes ; jeu coupable, où s'amuse l'arbitraire et où se dépensent le sang et l'or de la France.

Il est question de refaire la monarchie taciturne, absolue, ténébreuse de Philippe II ; mais dans cette imitation esclavagiste, la France jouera le rôle de l'Espagne ; les Tuileries prendront la place de l'Escurial. Tel est le plan ; voyons l'exécution.

VIII

EXÉCUTION DU PLAN.—PREMIÈRE ILLUSION.

Si de pareils desseins s'étaient montrés d'abord dans leur ensemble, l'Europe, malgré sa complicité habituelle, eût pu difficilement les approuver. La première condition était de les cacher au monde. Voilà pourquoi ces projets secrets ont été d'abord masqués derrière l'Angleterre et l'Espagne. L'idée bonapartiste a voulu être flanquée de ces deux alliés. C'est avec la flotte anglaise et la flotte espagnole que l'on a approché des côtes américaines. Remarquez bien que dans cette première partie de l'exécution il n'est bruit que d'une alliance à trois.

Ce concert de l'Angleterre et de l'Espagne sert à rassurer le monde contre toute arrière-pensée. On part ensemble, on aborde ensemble. Les flottes jettent l'ancre. Mais alors, que se passe-t-il ? Les deux alliés refusent de prendre part à l'entreprise. L'Angleterre et l'Espagne la désavouent ! elles se retirent avec précipitation ! Elles refusent de couvrir les projets qui se révèlent.

On a beau mettre en avant cette idée incroyable de monarchie autrichienne. Le piége est trop grossier. Il n'a trompé personne.

Derrière ce fantôme, l'Angleterre et l'Espagne voient froidement la réalité, c'est-à-dire le projet de domination absolue sur le nouveau monde au profit d'un Philippe II bonapartiste.

Et comme nul intérêt ne les pousse à réaliser les rêves d'un nouvel Escurial, elles en discernent d'abord le faux et le néant. Ce qui pour un esprit courtisan paraît une grande conception, ne leur paraît à elles qu'une grande aventure; funeste, si elle n'était impossible; et d'un côté, le chef de l'armée espagnole rembarque ses troupes, de l'autre la flotte anglaise s'éloigne. Les deux gouvernements approuvent leurs agents.

Ainsi, première illusion :

On voulait se couvrir de l'Angleterre et de l'Espagne dans l'embûche tendue an Nouveau-Monde. L'Angleterre et l'Espagne ont rejeté le rôle de complices. Elles ont demasqué l'embûche.

Le piége est resté, mais c'est celui qui l'avait tendu, qui y est tombé !

Si du moins il y était tombé seul, et s'il ne s'agissait pas de la France !

IX

SECONDE ILLUSION.

Après cette première illusion, une seconde plus dangereuse allait bientôt disparaître à son tour. Le plan entier reposait sur cette idée : que les peuples d'Amérique, et en particulier le peuple mexicain, s'inclineraient sans défense devant la renommée du Deux-Décembre, qu'ils l'acclameraient du rivage et l'enracineraient eux-mêmes dans leur territoire aussitôt que l'occasion en serait donnée.

L'Amérique déjà *décembrisée*, n'attendait que le moment de rejeter ses libertés, ses institutions, pour proclamer à son tour sa servitude.

Du jour au lendemain, des nations entières passeraient de la liberté à l'obéissance aveugle. Comment croire, comment imaginer que des populations pauvres, dispersées, incultes, refusent le joug que portent avec complaisance les peuples souverains, qui se disent les plus civilisés. Que l'on débarque seulement. Le prestige du joug agira à dix-huit cents lieues de distance.

On sait ce que sont devenues ces visions. Il est quelquefois dangereux de trop mépriser les hommes. On reçoit alors des leçons de ceux qui semblent le moins en état d'en donner.

Le peuple Mexicain, que l'on croyait pouvoir fouler aux pieds, ce pauvre ver de terre, s'est soulevé contre tant de mépris ; il a éprouvé quelque chose de l'indignation du peuple espagnol, lorsque en 1809, une politique de la même famille, déchaîna les Espagnes contre nous ; et aujourd'hui, en 1862, nous voilà menacés d'une guerre d'Espagne à deux mille lieues de la France ! Prenez garde ! Il y a aussi en Amérique des Baylen !

Je n'ai point à raconter ici comment éclatèrent dès

les premiers pas, les vices de l'entreprise. La population soulevée, les villes désertes à notre approche, Vera-Cruz rempli de nos cadavres, les communications coupées, la résistance d'Orizaba, la retraite obligée des nôtres, l'inquiétude, les faux bruits sur ce groupe d'hommes jetés au hasard dans un autre continent, au milieu des hostilités de toute une nation que l'on a forcée d'être ennemie. Que pouvait le courage le plus intrépide des nôtres contre la situation impossible où les avait placés la légèreté, l'illusion, le vertige d'une politique sans contrôle et sans frein ?

Se barricader dans les villages, repousser les attaques, donner le temps d'arriver aux renforts que l'imprévoyance retenait encore en Europe, voilà ce qui était possible. Ils l'ont fait avec le sang-froid, l'abnégation héroïque qu'aucune position désespérée ne leur ôtera jamais ! Et je ne parle pas de ceux qui, sans avoir eu la joie de combattre, ont été tués obscurément par le climat sur ce littoral meurtrier, où les arrêtait le soulèvement des populations indigènes. Était-ce là ce qu'avait promis l'auteur de l'entreprise ? Elle ne pouvait avoir de sens que par l'empressement de la foule à passer sous le joug. Et où était cet empressement servile ? En face, l'armée nationale, des guérillas qui se forment et nous harcellent de tous cotés, une indignation unanime, nos approvisionnements déjà rendus difficiles, nos convois coupés et pillés, sont-ce là les prodiges que devait accomplir en se montrant le prestige du *Deux-Décembre* ? "On a été trompé !" s'écrie le général français dans sa proclamation.

A la bonne heure ! Ce mot est celui de la situation même.

Mais qui a fait l'erreur ? Qui a jeté, non pas un homme, mais une nation dans cette nouvelle expédition de Strasbourg et de Boulogne ? Je viens de le dire. C'est celui qui depuis onze ans paraît seul à la place de trente-huit millions de Français !

Comme l'important est de dissimuler ses fautes, au lieu de les avouer on les aggravera. Pour masquer l'erreur du chef, on la poussera jusqu'au bout. On n'avait envoyé que cinq mille hommes, on en enverra trente mille, cinquante mille s'il le faut, jusqu'à ce que le peuple mexicain soit noyé sous le nombre, et que l'échec d'amour-propre de l'auteur soit racheté par des milliers de vies !

Car c'est là le fond du pouvoir absolu : il n'a jamais tort ; il peut au besoin dépenser des flots de sang humain. Pourquoi compterait-il ? S'il perd sur une carte, il jouera sur l'autre ; mais jamais il ne se retirera d'une erreur qu'après l'avoir épuisée. Le peuple mexicain ne veut pas de nous, rien de plus notoire ! Donc, il faut l'envahir. Nous nous sommes trompés ! Donc, il faut nous tromper encore, nous enfoncer plus avant dans l'illusion, dans le faux, dans l'injustice.

Sous les gouvernements absolus, couvrir l'aveuglement du prince, s'est toujours appelé : *Sauver l'honneur du drapeau !* Encore un des traits de l'esprit bonapartiste. Il n'a jamais su s'arrêter que dans le gouffre. Je n'ai pas le goût de lui donner des conseils de salut, et pourtant je dois lui dire : ceux qui applaudissent aujourd'hui de tels projets, parce qu'ils vous supposent puissant, seront les premiers à vous insulter, dès que vous ne le serez plus ! C'est par ces sortes d'entreprises insensées, par ces visions théâtrales, par ces attaques déloyales, par ces surprises contre l'indépendance des peuples, par ces défis à la conscience, par cet acharnement dans l'injustice, que vous avez déjà péri une fois sous la colère du monde, entraînant après vous la France dans la ruine. Songez-y. Instruisez-vous par votre histoire.

Question d'honneur ! dites-vous ? Moyen assuré par lequel un maître absolu enchaîne à toutes les fantaisies qu'il lui plaît de concevoir, une nation aussi susceptible que la nôtre. On engage une affaire d'avant-poste ; dès lors plus de paix, ni de trêve. Il faut envahir tout le territoire. A-t-on osé vous disputer la frontière ? Il ne faut plus s'arrêter que dans la capitale. Appliquez cette méthode à de grands états, à l'Allemagne, à l'Angleterre, à la Russie, et dites-moi, je vous prie, où cela vous conduit ? Ne faut-il traiter de la paix que dans les capitales étrangères ? Est-ce là votre nouveau principe ? Dans ce cas, il n'est plus une seule querelle, qui ne doive devenir une guerre à fond. La France a signé plus d'une fois des traités qu'elle croyait glorieux, et qui deviennent des opprobres selon vous.

Celui de Campo-Formio est-il une honte, pour n'avoir pas été signé à Vienne ?

N'appliquerez-vous ce principe d'oppression qu'aux petits états ? Que devient alors ce prétendu point d'honneur ? Parce qu'un peuple a osé défendre ses frontières contre l'invasion, faut-il qu'il soit extirpé de la terre? Qui a jamais douté que trente-huit millions d'hommes ne puissent en réduire et asservir six ou sept millions? Vous le savez comme moi ; la gloire n'a rien à voir dans cette affaire.

X

LES RÉSULTATS.—QUE L'AMÉRIQUE NE VEUT PAS ÊTRE DÉCEMBRISÉE.

En dépensant à profusion le sang des Français, vous pourrez donc vous établir sur le plateau de Mexico; qui en doute? Des troupes incomparables répareront à force de courage une partie de vos fautes. Mais il en est que toute l'intrépidité du monde ne peut corriger, et ce sont celles qui viennent de l'essence même de votre projet. C'est alors que le vide de votre entreprise éclatera de nouveau de manière à convaincre les plus aveugles. Car vous serez, entré au fond de votre propre piège, et vous ne pourrez ni y rester, ni en sortir, sans un immense dommage; ce qui est le caractère de toutes les combinaisons où l'on met l'esprit d'aventure à la place de l'esprit de justesse et de réflexion.

En effet, ou vous sortirez de Mexico, ou vous y resterez. Dans le premier cas, que deviendra l'action que vous prétendez y exercer? Si vous ne devez pas occuper à demeure la capitale, c'est donc une fumée que vous poursuivez? Alors il eût été plus sage de vous en abstenir; car vous compromettez vos amis, les Miranda, les Almonte ceux-là mêmes, qui se vantent de vous ouvrir les portes, et vous vous mettrez dans l'impuissance de rien faire pour eux ; vous abandonnerez à la haine, à la vengeance des patriotes, ceux qui vous auront livré leur pays.

Espérez-vous laisser une trace impérissable par un asservissement de quelques mois, ou même de quelques années ? Détrompez-vous. Vous savez que pour asservir les hommes, il faut longtemps peser sur eux ! Sinon, ils se relèvent pleins du ressentiment de tout ce qu'ils ont eu à souffrir !

Une servitude passagère, telle que celle que vous établiriez, n'aboutirait qu'à leur rendre l'indépendance plus chère, plus exigeante, plus intraitable, dès que vous seriez obligé de retirer le joug en retirant vos forces. Croyez-vous graver sur l'airain l'oubli de la liberté en si peu de jours ? Vous ne ferez ainsi qu'enraciner tout ce que vous prétendez détruire.

Voulez-vous donc entrer à Mexico pour y rester ? Examinons les suites d'une résolution de ce genre. Je ne sais si contre le cri unanime, vous persévérerez à élever cette monstruosité d'une monarchie austrobonapartiste, qui tendra les bras sur l'Amérique du Sud et l'Amérique du Nord pour les lier l'un à l'autre, dos à dos, au tronc de votre empire mexicain. Je dis seulement que toutes les forces de la France s'useraient vainement dans cette chimère. Laisserez-vous au Mexique un semblant républicain pour abriter la domination du Deux-Décembre ? Peu importe ! Les faits ont assez parlé, ils vous l'ont dit : Le nouveau monde ne veut pas être Décembrisé ; il ne le sera jamais! Vous n'ignorez pas non plus, que les Américains du Mexique, comme ceux du reste du continent, ont en exécration d'obéir à l'étranger.

C'est donc une guerre nationale, perpétuelle, incessante que vous déchaînez contre la France, guerre sans relâche, que nous avons appris à connaître en Espagne; où tout est ennemi; où le courage, la discipline, la supériorité des armes, deviennent impuissants contre le fanatisme, l'éxécration, l'acharnement des hommes et des choses. Qui voudra être le roi Joseph de cette nouvelle guerre d'Espagne, à deux mille lieues de la mère-patrie et promener sa couronne errante à travers les guérillas de la Tierra-Fria aux rivages empestés de Vera-Cruz?

Il est bien évident que si l'armée régulière mexicaine renonce aux batailles rangées, ce sera pour se disperser en embuscades. Et combien le pays favorisera une résistance nationale! Vous ne pouvez vous étendre sur le littoral comme en Algérie! Il faut dès le commencement de l'occupation pénétrer au loin dans l'intérieur, qui seul est habitable à des troupes européennes; mais dans cette longue ligne de Vera-Cruz à Orizaba, à Mexico, à Acapulco, sur combien de points les communications ne seront-elles pas perpétuellement menacées? Prétendez-vous tout occuper? Alors ce n'est pas trente mille hommes qu'il faut envoyer, mais cent mille. Une base d'opération pestilentielle, où les soldats succombent à mesure qu'ils arrivent, une ligne si étendue qu'elle est impossible à garder, partout, en tête, en queue, en flanc, une population indignée, pleine de ressentiments légitimes ; voilà le champ de bataille éternel que vous avez choisi pour des Français !

Et que sera-ce, si la nation mexicaine, ainsi provoquée, déchaînée par vos invasions, sent qu'elle est appuyée des vœux, des passions, des colères des deux Amériques ? Que sera-ce, si, comme il est impossible d'en douter, le secours d'hommes ou d'argent lui vient ouvertement du Nord et du Sud de l'Amérique ? Pour vous y opposer, vous êtes déjà obligé de vous étendre jusqu'à *Tampico*, de la Mer-Vermeille à Venezuela ! Où vous arrêterez-vous ?

Déjà le congrès des États-Unis prête la main au gouvernement du Mexique ! Et si l'Union sort victorieuse de la guerre civile, croit-on qu'elle verra avec indifférence ce monstre d'une monarchie absolue se dresser sur la tête des deux Amériques ? Les millions d'hommes armés, aguerris, instruits par la victoire, prétend-on qu'ils acceptent sans murmurer la servitude qu'ils n'ont jamais connue ?

Encore une fois, prenez garde ! Attenter ouvertement à la liberté et à la démocratie des États-Unis, cela est sérieux ! A force d'égarements on peut ramener d'anciens fléaux ! La nature des éléments n'a pas changé ; comme il y a des *Baylen* dans le Sud, il y a au Nord, si vous avancez trop loin, des *Bérésina* et des *Leipsick !*

C'est donc la guerre avec un continent tout entier ; ou plutôt c'est un chancre rongeur que vous attachez au flanc de la France !

Une pensée personnelle qui ne rend de compte à qui que ce soit bouleversera le monde à la légère, follement, par la seule loi de son bon plaisir, dans le seul intérêt de sa fantaisie et de l'asservissement général ! Et le globe se taira ! Et chacun sera tenu d'admirer ce qui fera l'indignation de l'espèce humaine dès qu'elle aura recouvré l'intelligence avec la conscience ?

Les affaires de l'humanité seront jouées sur un coup de dé ; une grande nation engagée et lancée comme une partie de chasse !

Napoléon, après Waterloo, rentré seul à la Malmaison, parlait de continuer l'aventure dans l'Amérique du Sud, à Caracas, en Californie, à l'Équateur. Est-ce cette politique désespérée qu'il s'agit déjà de reprendre en 1862 ?

XI

LE DROIT.—LES NATIONALITÉS.

J'ai montré que l'entreprise est déraisonnable. Les fondements lui manquent. On ne peut en combler les vides, qu'en y jetant aveuglément les forces vives de la France. Je n'ai encore rien dit du droit !

Tout le monde aujourd'hui s'accorde complaisamment à le proscrire de la question. Il est pourtant inévitable d'en faire mention, au moins, en quelques mots.

La principale armure du *Deux-Décembre,* pour ceux qui veulent s'abuser, ç'a été la question des nationalités. Or, le *Deux-Décembre* par cette expédition jette sa cuirasse, achève de se découvrir. Il se montre tel qu'il est. En foulant aux pieds le Droit sur une aussi vaste échelle, il dit assez, qu'il se croit en cette occasion dispensé de feindre. Les nationalités n'ont été pour lui qu'un instrument de règne; bonnes à relever, bonnes à écraser, selon qu'elles le servent ou le contrarient.

C'est là ce qu'il faut que sachent les deux mondes.

Si quelque chose de grand s'est accompli dans les deux Amériques, c'est la libération des races, l'indépendance des peuples à l'égard les uns des autres. On ne voyait point là un prince étranger régner sur une nation étrangère. Au prix de flots de sang, le Nord s'était affranchi de l'Angleterre et le Sud de l'Espagne.

Il n'y avait plus, comme en Europe, de populations attachées par la force à des gouvernements issus de la conquête. Point d'Irlande, de Pologne, d'Italie, de Venise, de Servie, rivées par la violence à des conquérants et à des maîtres.

L'héritage cruel des longues dominations était un des fléaux de l'Europe; les peuples américains ne le connaissaient plus; et c'est là assurément un des plus grands faits de la civilisation, vers laquelle l'Europe tend peu à peu, à force de sacrifices et de douleurs, sans avoir pu s'en approcher encore. La Pologne, l'Italie, la Hongrie, la Grèce, se sont déchiré les entrailles pour atteindre à cette indépendance, à cette autonomie, où les nations américaines ont été portées par des circonstances plus favorables et des guerres plus heureuses.

Les maîtres anciens, les Espagnols et les Anglais,

après une longue domination, ont eux-mêmes reconnu l'impossibilité de faire peser de si loin un joug étranger ; et la nécessité leur a enseigné qu'ils n'avaient rien de mieux à faire qu'à reconnaître et à saluer l'indépendance des continents qu'ils avaient si longtemps gouvernés comme des colonies. Depuis ce moment, les Amériques ont été libres du consentement des deux mondes.

Si jamais la volonté d'en haut a éclaté sur la terre, ç'a été dans cet acte d'affranchissement !

La France aussi y avait mis glorieusement la main !

Que faut-il donc penser d'une entreprise qui va directement contre ce que le genre humain a accompli avec tant d'éclat et de grandeur ? Après que l'Angleterre et l'Espagne se sont brisées l'une et l'autre dans un effort impie pour prolonger une domination condamnée par l'expérience, après qu'elles ont été instruites par l'événement à respecter les libertés conquises contre elles-mêmes, que faut-il penser de cette manie de refaire la servitude, là, où elle a été détruite avec l'approbation des maîtres et des sujets ? et qu'est-ce que cette main autrichienne et bonapartiste qui doit rétablir par-delà les mers, le joug qui s'est rompu entre les mains des Espagnols et des Anglais ? C'est défaire ce qu'avait fait la France, de plus noble et de plus magnanime. C'est marcher contre la civilisation, c'est vouloir obliger Dieu et les hommes à reculer !

J'admets que vous réussissiez à reconstituer au Mexique, à votre choix, une Pologne esclave, ou une Hongrie esclave, ou une Venise esclave ! C'est donc ainsi que vous résolvez *la question des nationalités ?*

Là où elles existent indépendantes, les asservir à un maître étranger, c'est donc là ce que vous appelez les affranchir ? Je n'en avais jamais douté ; mais il est bon que les deux Mondes en fassent l'expérience solennelle.

Je sais que le bruit a couru que si vous enchaîniez les Mexicains à l'Autriche, c'était pour les troquer contre Venise ! Et il n'a pas manqué d'esprits crédules pour se fier à ce trafic. Ce serait, en effet, le comble de l'art d'asservir les hommes, si vous pouviez intéresser tous ceux qui sont esclaves à mettre en esclavage tous ceux qui sont libres. Vous promettriez de troquer les premiers contre les seconds ; vous donneriez à l'Autriche Mexico contre Venise, la Suisse contre la Hongrie, à la Russie les États-Unis contre la Pologne, Tessin contre Tyrol, Genève et Vaud contre Vorarlberg.

Dans ce marché d'esclaves les peuples se livreraient les uns les autres ; l'Italie à peine née, ferait des vœux pour la servitude de la France à perpétuité ! ! Il n'y aurait plus dans le monde un seul homme qui ne fût complice, ou instrument de l'anéantissement de tous les autres. On échangerait partout le Nord contre le Sud, le Levant contre le Couchant ; la vie contre la mort. Après la comédie jouée, il ne resterait plus que des cadavres ; on appellerait cela des égaux. Il n'y aurait plus de peuples, et les *nationalités* battraient des mains : *Plaudite cives !*

J'admets encore que la force des choses soit vaincue, que tous vos projets réussissent, contre l'humanité, contre les éléments même. *La loi de sûreté générale* sera imposée aux deux mondes, elle pèsera du haut des Cordillères sur les deux Amériques. Il n'y aura plus dans l'univers une seule bouche d'où puisse sortir une vérité indépendante. Mais alors les choses parleront à la place des hommes, elles vous accuseront, car vous-même vous les aurez provoquées.

S'ériger de ce côté de l'eau en défenseur des nationalités et aller les étouffer au-delà de l'océan, ces prétentions sont trop contradictoires pour ne pas se briser l'une l'autre. Le théâtre est trop vaste, les spectateurs trop nombreux, pour que l'esprit public soit trompé davantage. Quand on soutient ici l'expédition romaine et la théocratie, là, Almonte et plus loin les esclavagistes, on a sa ligne tracée. Personne ne s'y méprendra.

En Europe vous avez amusé les nationalités par des espérances, des promesses, des leurres; en Amérique vous les étouffez par des actes. Quelque aveugles que les hommes soient devenus, ils font pourtant encore la différence de ce qui n'est que paroles et de ce qui est action effective; et ils ne pourront s'empêcher de conclure que vous aidez à l'indépendance par des mots, à l'asservissement par des faits.

L'expédition que vous avez conçue achèvera de se montrer alors dans tous ses vices, puisque ne pouvant être utile qu'à un seul homme elle n'atteindra pas même ce but. C'est à vous seul qu'elle devrait servir; elle ne nuira à personne autant qu'à vous.

XII

ABUS DES GRANDS MOTS.—UN DOMMAGE POUR LA FRANCE.

Cependant le dommage est grand aussi pour la France, et c'est là ce qui m'a mis la plume à la main.

De quel droit pouvons-nous accuser encore les coalitions armées contre nous, quand nous refaisons exactement ce que nous avons dénoncé, maudit à tout propos, depuis la fin du dernier siècle jusqu'à ce jour?

Y a-t-il eu dans notre langue assez d'invectives, assez de paroles indignées contre les invasions de notre territoire par de prétendus alliés qui devaient nous apporter la délivrance, la justice, la civilisation ! Nous avons vécu de ces indignations; nul ne les a plus entretenues que le Bonapartisme ! Et ce que nous avons tant abhorré, nous le pratiquons à notre tour; nous nous faisons gloire de tout ce que nous avons condamné, exécré chez les autres ! Nous aussi, nous allons montrer à un peuple indépendant notre amitié en le constituant à coups de canons !

Voter sous l'invasion, cela nous a manqué pour être libres en 1814 et 1815 !

Qui nous eût dit que les bonnes doctrines de la coalition, de la Sainte-Alliance, nous seraient rendues un jour par le Bonapartisme ? Et que faire violence à un peuple, nous appellerions cela *justice, liberté, civilisation, ideés généreuses;* toutes paroles qui nous faisaient horreur quand elles étaient un appas dans la bouche de nos ennemis !

Rien ne nuit plus à une nation que d'abuser des paroles les plus sacrées, lorsqu'après les avoir invoquées pour se défendre, on s'en fait un moyen d'asservir les autres.

Malheur aux peuples qui se renient ! C'est ainsi qu'ils s'usent et vieillissent en quelques jours !

XIII

L'EXPÉDITION ROMAINE ET L'EXPÉDITION MEXICAINE.
CONCLUSION.

Il y a treize ans, je profitai des derniers jours de liberté en France, pour combattre l'expédition romaine, alors qu'elle n'était encore qu'un projet. Je montrai dans son exécution, l'obstacle invincible à la constitution de l'Italie, le fer enfoncé dans la plaie, l'or et les forces de la France employés à empêcher un peuple de naître et de se former, et en résultat l'impossibilité flagrante de continuer l'entreprise, ou d'y mettre un terme.

Je disais que l'on serait condamné à n'oser ni rester ni sortir ; que l'on ne recueillerait pour récompense que la défiance et la haine de la théocratie que l'on prétendait sauver ; et que rien au monde n'aurait été fait de plus injuste contre un peuple, ni de plus stérile pour le despotisme.

Voilà ce que j'établissais quand j'avais la liberté

de parler ou d'écrire ; et de ces assertions, il n'en est pas une seule qui ne soit devenue évidente pour ceux-là même qui y étaient alors le plus opposés.

Aujourd'hui, quoique je doive désesperer de faire pénétrer une pensée dans mon pays, je régarde néanmoins comme un devoir strict de ne pas me taire. Ayant passé une grande partie de ma vie à plaider pour des nationalités qui avaient alors peu de chances de renaître, je tiens pour un devoir de ne pas garder le silence quand il s'agit de nationalités formées que l'on entreprend de détruire.

Et ce que j'ai dit en 1849 de l'expédition du Président de la République française contre Rome, je le répète aujourd'hui en 1862 avec cent fois plus de raison sur l'expédition contre le Mexique : injustice, mépris de tous les droits, inutilité, stérilité, absolutisme caché sous de grands mots, voilà par où ces deux expéditions se ressemblent.

Mais si dans la première on a pu se couvrir d'un masque religieux, rien de semblable n'est possible dans l'entreprise contre le nouveau monde. Là, point de Domaine de Saint-Pierre à sauver sur le penchant des Andes. Point de consciences alarmées qu'il s'agit de satisfaire. Il ne reste là qu'une violation laïque, en plein jour, d'une nationalité !

Personne, j'imagine, ne songe à s'embusquer à Mexico dans l'ombre du Saint-Siége. La théologie n'embrouille pas la question. Elle est plus simple ; nous rentrons dans le cas du despotisme ordinaire : tromper pour asservir. Et de bonne foi, est-ce pour cela que la France est faite ?

L'expédition de Rome a été le prélude du *Deux-Décembre* contre les libertés de la France. L'expédition du Mexique est le prélude d'un nouveau progrès dans le même sens ; c'est-à-dire, d'un coup d'état contre les libertés du genre humain ! Quel est l'état indépendant qui ne doive s'attendre, puisque l'océan n'est plus une barrière, à être foulé aux pieds ? Si toute indépendance est une agitation, et toute agitation un danger, l'état le plus libre, le plus digne, sera le plus menacé, car il sera le plus odieux. Après avoir fait, pour étouffer la république au Mexique, deux mille lieues, croit-on que l'on s'abstienne d'en faire au besoin vingt ou trente pour l'écraser en Suisse ?

Si mon avis l'eût emporté en 1849, contre l'expédition romaine, beaucoup de maux eussent été épargnés à l'Italie et à la France !

Si mes paroles étaient entendues aujourd'hui, de plus grands maux encore seraient épargnés à la France et au nouveau monde. D'autant que la puissance du mal s'accroît par le mal qu'on a fait ; mais il serait déraisonnable d'espérer de nos jours que le cri d'une conscience suffise pour conjurer des fléaux volontaires.

Les choses suivront donc leur cours, tel que l'a voulu la fantaisie d'un seul homme ? Qui souffrira des fautes de cet homme ? l'armée. Qui les expiera ? la France.

Dernier avertissement ! Les adversaires de la France triomphent de la voir embarquée dans de telles entreprises, où elle a contre elle la force des choses et la force du droit.

Ils l'encouragent à persévérer ; ils la pressent d'aller

au loin jouer sa fortune et sa vie sur ces loteries sanglantes. N'est-ce pas assez pour faire cesser le vertige? Que l'on entende au moins les ennemis de la France, s'il n'est plus permis à ses amis de lui parler.

EDGAR QUINET.

Veytaux (Suisse), 1862.

37

www.ingramcontent.com/pod-product-compliance
Lightning Source LLC
Chambersburg PA
CBHW060511050426
42451CB00009B/935